한태희

우리를 늘 괴롭히는 작디작은 모기. 결코 좋은 동물은 아니지만 알을 낳기 위해, 한 방울의 피를 구하기 위해 목숨을 거는 모기의 여정을 떠올리며 선악을 떠나 결국 생명체는 다 같다는 생각을 하게 되었습니다. 그럼에도 팔뚝에 모기가 앉으면 잡거나 쫓아내겠지요. 유독 재미있고 즐거운 기분으로 만든 책인 만큼 어린이 독자들과 즐겁게 나눌 수 있으면 좋겠습니다.

서울예술대학에서 응용미술을 전공했습니다. 졸업 후 광고대행사와 출판사에서 여러 해 동안 일을 했고, 1998년 개인전 '동화 속으로의 여행'을 열며 본격적인 작가 활동을 시작했습니다. 지금까지 50권에 가까운 그림책을 쓰고 그렸으며, 초등학교와 도서관에서 그림책과 함께하는 수업도 하고 있습니다. 대표작으로 『아름다운 모양』 『봄을 찾은 할아버지』 『학교 가는 길』 『손바닥 동물원』 『로봇 친구』 등이 있습니다.

한림지식그림책
모기학교

ⓒ 한태희 2025
2025년 7월 28일 1판 1쇄

글·그린이 한태희

펴낸이 임상백   편집 이규민, 임주희   디자인 이혜희   제작 이호철   독자감동 이명천, 장재혁, 김태운   경영지원 박연우

ISBN 979-11-94828-12-9 77400
      978-89-7094-793-8 (세트)

* 값은 뒤표지에 있습니다.
* 잘못 만들어진 책은 구입하신 곳에서 바꾸어 드립니다.
* 이 책은 저작권법에 따라 보호를 받는 저작물이므로 무단 전재와 복제를 금합니다.

한림출판사
Hollym

주소 (03190) 서울특별시 종로구 종로12길 15 | 등록 1963년 1월 18일 제 300-1963-1호
전화 02-735-7551~4 | 전송 02-730-5149 | 전자우편 info@hollym.co.kr | 홈페이지 hollym.co.kr
블로그 blog.naver.com/hollympub | 페이스북 facebook.com/hollybook | 인스타그램 instagram.com/hollybook

모기학교

한태희 그림책

한림출판사

산속 버려진 연못가는
그늘이 있어 선선하고 물에 휩쓸릴 걱정도 없어요.
모기들이 알을 낳기에 딱 맞아요.

며칠이 지났어요.

알에서 장구벌레 곱슬이가 태어났어요.

함께 태어난 장구벌레들 모두 신이 나 재잘거렸어요.

멋진 어른이 되기를 꿈꾸면서요.

애들아, 안녕!

모두 어디 가?

곧 다시 만나자.

모기는 어디에 알을 낳을까?

모기는 흐르는 물보다는 고여 있는 물에 알을 낳아요. 연못이나 바위틈, 하수구나 불을 끄기 위한 방화수, 버려진 폐타이어, 캔, 물병 등 작은 물이라도 고여 있는 곳이면 모기에게는 충분한 번식 장소가 돼요. 그래서 모기의 번식을 막기 위해서는 주변 환경을 깨끗하게 정리해야 해요.

연못

길가 웅덩이

바닷가 해변의 고인 물

하수구

폐타이어에 고인 물

버려진 물건에 고인 물

모기의 애벌레, 장구벌레!

장구벌레는 모기 알에서 갓 태어난 어린 벌레를 말해요.
옅은 회색으로, 주변의 색과 비슷한 색을 띱니다.
몸길이 1센티미터 정도에 둥글고 길쭉한 형태로
머리, 가슴 그리고 여러 마디의 배로 이루어져 있어요.
머리에는 눈 한 쌍, 더듬이 한 쌍, 입 한 개가 있고,
입 주변의 털로 물속의 미세한 먹이를 걸러 먹어요.
그 밖에 몸에 난 털은 대부분 감각 기관의 역할을 하지요.
꼬리 끝에는 숨을 쉬게 하는 숨관이 있어요.
껍질을 벗으면서 몸을 키워 가며 성장을 하다가
마침내 모기가 되기 위한 전 단계인 번데기가 돼요.

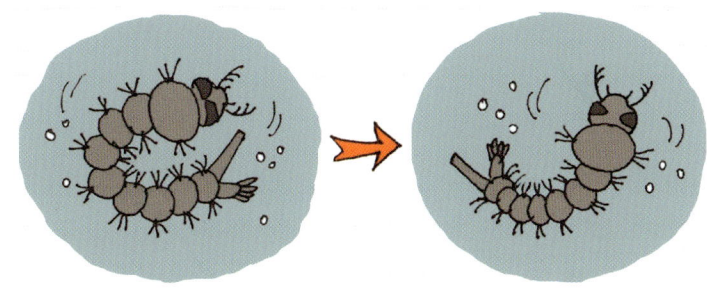

배의 마디를 이용해 머리와 꼬리가 닿을 만큼 접었다 다시 펴는 동작을
반복하면서 그 반동을 이용해 물속에서 움직여요.

장구벌레가 헤엄치다가 몸을 거꾸로 하고
물 밖으로 꼬리를 내미는 모습을 볼 수 있는데,
이것은 꼬리에 있는 숨관으로 숨을 쉬기 위해서예요.
만약 물 밖으로 숨관을 내밀기 어려운 상황이라면 아가미를 통해
물속에서 잠시 숨을 쉬기도 해요. 하지만 모든 종류의 장구벌레가
다 아가미가 있는 것은 아니랍니다.

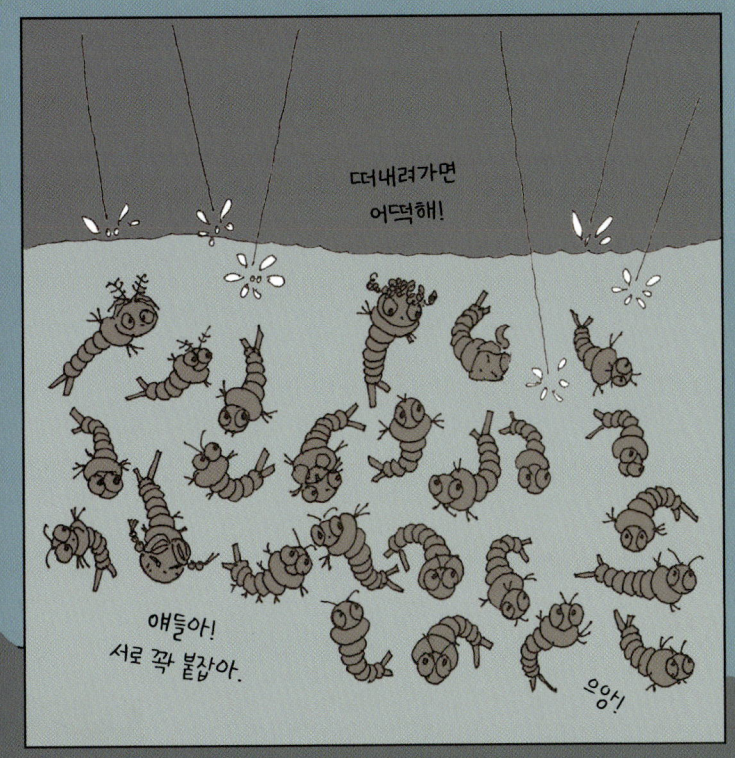

몇 번이나 벗어야 해?

나는 벌써 네 번째야. 이제 곧 번데기가 될 거야.

몸이 점점 굳어 가고 있어.

졸립다.

드디어 마지막 껍질이야.

우리 죽은 건 아니겠지?

어떤 날개가 생길까?

일주일 동안 열심히 껍질을 벗고 번데기가 된 장구벌레들은
어느 날 새벽, 마침내 번데기를 벗었어요.
곱슬이도 잔뜩 기대하며 물에 비친 자신을 바라보았지요.

가느다란 몸, 뾰족한 주둥이.
곱슬이는 영락없는 모기였어요.
실망하던 그때 누군가 곱슬이와 친구들을 불렀어요.

따라가 본 곳에는 두 달 가까이 산 할머니 모기부터
곱슬이보다 일주일 먼저 모기가 된 선배 모기들까지 모두 모여 있었어요.
할머니 모기는 어린 모기들을 반기며 모기학교 이야기를 꺼냈어요.
모기가 되면 해야 할 많은 일들 중 첫 번째가 바로
모기학교에 들어가는 것이었거든요.

자, 어서 인사들 해.

안녕하세요.
곱슬이에요.

모기는 어떻게 태어나고 자랄까?

모기는 알에서 모기가 되기까지
보통 10~15일 정도가 걸린다고 해요.
그렇게 모기가 되고 나서는
암모기는 약 50일, 숫모기는 약 10일 동안
산다고 합니다.

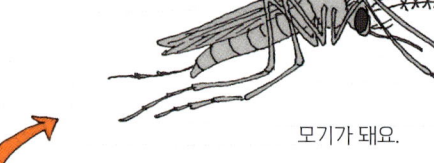

모기가 돼요.

알에서

알에서 어른 모기가 되기까지

1~2일 뒤

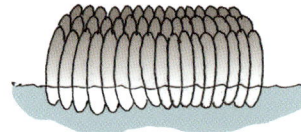

장구벌레가 태어나요.

탈피를 하고

2~3일 뒤

번데기가 되어도 장구벌레일 때처럼
두 개의 숨관을 물 밖으로 내밀어서 숨을 쉬어요.

보통 곤충은 번데기가 되면 움직이지 않는데
모기의 번데기는 물속을 이리저리 움직입니다.
천적으로부터 잘 도망치기 위해서 그런 것이 아닐까요?

쉼표 모양을 닮은 번데기가 돼요.

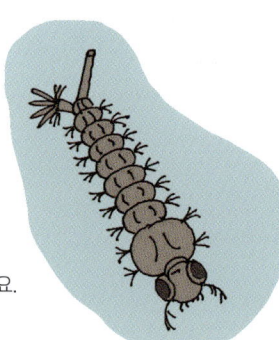

7~10일 동안 네 번 정도 껍질을 벗으면서 조금씩 몸이 커져요.

장구벌레는 왜 모기를 닮지 않은 걸까?

곤충이 어른 벌레로 성장하는 과정에는 크게 두 가지 종류가 있어요. 번데기의 시기를 거치지 않는 불완전 변태와 그 시기를 거치는 완전 변태이지요. 불완전 변태에서는 어린 벌레와 어른 벌레의 생김새가 비슷한데, 완전 변태에서는 애벌레와 어른 벌레의 생김새가 전혀 달라요. 모기도 장구벌레와 모습이 닮지 않았고, 번데기를 거치면서 어른 벌레가 되므로 완전 변태를 하는 곤충이지요.

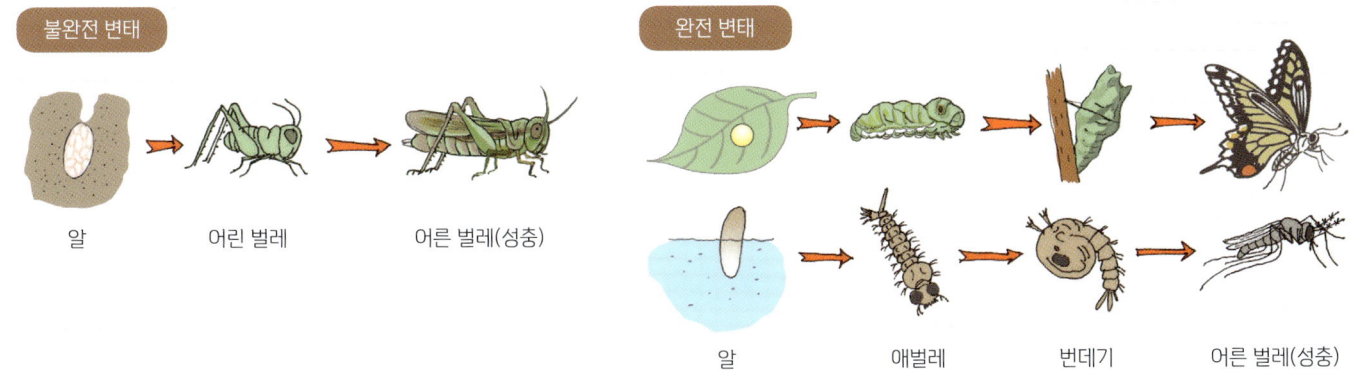

장구벌레야, 도망쳐!

가물치, 참붕어 등의 큰 물고기와 송사리, 미꾸라지, 잔물땡땡이 애벌레 등 물에 사는 여러 동물과 곤충은 장구벌레를 먹이로 삼아요. 잔물땡땡이 애벌레는 하루에 장구벌레를 몇 백마리 이상 먹는다고 해요. 장마가 지나 모기가 기승을 부릴 때면 지역 보건소에서는 강에 미꾸라지를 몇 만 마리씩 풀기도 한답니다. 미꾸라지 한 마리가 잡아먹는 장구벌레는 하루에 천 마리가 넘기 때문이에요. 이런 방법을 활용하면 살충제를 써서 모기를 잡을 때보다 환경 오염이 덜하지요.

하지만 곱슬이와 친구들에게는 다 같이 노는 지금이 더 먼저였어요.
숲에 사는 다양한 친구들을 만나며 모두 즐거운 시간을 보냈지요.

으, 냄새!

오호, 그렇구나. 많이 먹으렴.

우아, 맛있겠다!
우리도 꿀을 먹거든요.

신나게 놀다 보니 어느덧 해가 저물었어요.

모두 반갑다! 나는 콕콕 모기학교에서 너희를 가르칠 모 선생님이다. 앞으로 많은 것을 배우도록!
우리 모기는 지구에서 아주 오래 산 동물 중 하나다. 그 수가 가장 많은 동물이기도 하지.
특히 인간과 이렇게나 오래 같이 살 수 있었다니 아주 대단하지. 인간은 보통 독한 게 아니거든.
하지만 우리도 만만치 않다고! 남극은 여름에도 기온이 영상으로 오르지 않고
펭귄이나 바다표범 말고는 피를 빨 동물이 없어 살지 못하지만,
지구 곳곳에 퍼져 사는 인간처럼 우리 모기도 거의 전 세계에 흩어져 살고 있다.
자, 그럼 이제부터 본격적으로 수업을 시작하겠다!

오랜 옛날, 인간에게 모기는 어떤 존재였을까?

모기는 아주 오래전부터 지구에서 살아왔어요.
공룡이 살았던 시절의 화석으로도 발견되었는데
특히 호박 속에 모기 화석이 잘 보존되어 있었다고 해요.
호박은 나무의 수액이 굳어져 만들어진 보석이에요.
영화 〈쥬라기 공원〉은 그런 모기 화석 속 공룡의 피에서
공룡 유전자를 채취해 살아 있는 공룡을 만들어 낸다는
이야기인데 사실 그런 것은 실제로는 불가능하지요.

모기는 긴 주둥이와 날씬한 몸, 날렵하고 긴 날개가 있지. 몸길이 약 15밀리미터, 몸무게 약 2~3밀리그램에 한 시간에 많게는 2킬로미터를 날 수 있다. 더구나 암모기는 강력한 무기와도 같은 입을 갖고 있어 다른 동물의 피를 잘 빨 수 있지. 자기 몸무게의 두세 배나 되는 피를 빤다고!

날렵한 몸매의 모기

모기는 보통의 다른 곤충처럼 머리, 가슴, 배로 이루어져 있고 한 쌍의 날개와 한 쌍의 더듬이, 여섯 개의 다리가 있어요.
날개를 1초에 200번에서 많게는 800번까지 움직여 날 수 있는데, 모기가 앵 하는 소리를 내는 것도 이런 빠른 날갯짓 때문이라고 해요.

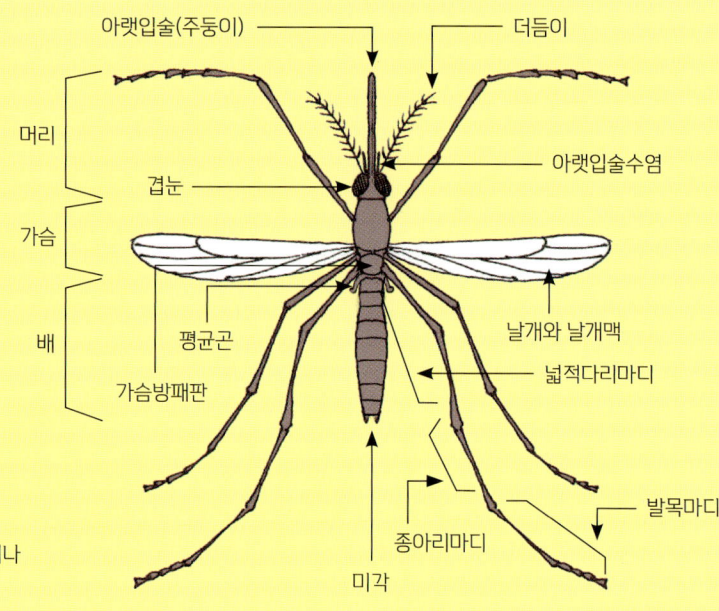

머리 큰 눈과 여러 감각 기관 그리고 긴 주둥이가 있어요.

아랫입술(주둥이) 대롱처럼 긴 바늘 모양을 하고 있어 다른 동물의 피나 식물의 즙을 빨기 좋게 생겼어요.

더듬이 열이나 습기, 다른 동물이 움직이거나 호흡할 때 내뿜는 물질을 후각으로 느낄 수 있는데 이산화탄소는 10미터, 젖산은 20미터 밖에서도 감지할 수 있대요. 긴 털이 빗 모양처럼 많으면 숫모기, 둥근 털이 적게 있으면 암모기예요. 숫모기는 암모기의 소리를 듣는 청각 기관으로도 사용해요.

아랫입술수염 아랫입술에 달려 촉각을 느끼는 기관으로, 암모기의 아랫입술수염이 숫모기의 것보다 짧아요.

겹눈 수천 개의 낱눈으로 이루어져 있고, 360도로 사방의 움직임을 느끼고 모양을 구별할 수 있지만 주로 가까운 사물밖에 보지 못하는 근시예요.

가슴 머리와 앞다리 한 쌍이 연결되어 있고 가슴 부위 중 제일 작은 앞가슴방패판, 날개 한 쌍과 중간 다리 한 쌍이 연결된 가슴방패판, 뒷다리 한 쌍과 평균곤이 연결된 작은방패판의 총 세 부위 그리고 평균곤으로 이루어져 있어요.

가슴방패판 강한 비행 근육이 있고, 가슴 부위 중에서 가장 크고 중요해요. 여기에 난 무늬나 털로 모기의 종류를 구분할 수 있지요.

평균곤 뒷날개 한 쌍이 퇴화해 변형된 것으로 곤봉 모양을 하고 있으며, 모기가 날 때 평형 감각을 담당해요.

날개와 날개맥 날개는 투명한 막으로 되어 있고, 날개맥은 비늘 모양의 잔털로 빼곡히 덮여 있어요. 모기의 몸 전체가 이런 비늘로 되어 있는데 그 덕분에 안정적으로 물 위에서 알을 낳을 수 있지요. 파리, 벌 등 다른 곤충보다 가늘고 긴 날개를 가지고 있어요.

배 겉으로 봤을 때 일곱에서 여덟 마디로 이루어져 있고, 일곱 번째 마디까지는 호흡기 및 소화 기관이 있어 피를 저장하거나 알을 발달시켜요. 여덟 번째 마디는 알을 낳는 산란관 등의 생식기와 연결되어 있어요.

미각 배 뒤쪽에 가지처럼 붙어 있으며, 촉각이나 진동을 느끼는 일을 하지요. 알을 낳는 산란관 옆에 있어요.

다리 총 세 쌍의 다리는 각각 세 개의 마디로 이루어져 있고 발목마디는 종아리마디와 비슷한 길이의 첫째 마디부터 다섯 때 마디까지 있어요. 제일 끝에 한 쌍의 발톱이 있어 다른 동물의 피부에 쉽게 착지할 수 있지요.

지구에는 모기들이 약 3500종류 살고 있는데, 대한민국에만 약 50종류가 있다.

숫모기와 암모기는 어떻게 다를까?

암모기가 숫모기보다 몸집이 조금 더 크고 오래 살아요. 숫모기는 약 10일, 암모기는 약 50일 정도 살거든요. 반면 더듬이 털은 숫모기가 더 길고 많은데, 이는 진동을 잘 느껴 암모기가 내는 소리를 더 잘 듣기 위해서라고 해요. 그리고 암모기의 주둥이는 다른 동물의 피를 빨기 좋게 생겼지요.

숫모기   암모기

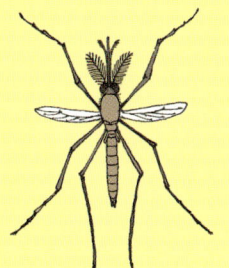 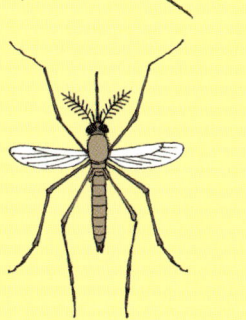

집모기 숲모기 얼룩날개모기

빨간집모기
도시와 농촌 등 우리나라에서 많이 발견되는 모기로 주로 밤에 활동해 밤모기라고도 불려요. 일본뇌염을 퍼뜨리는 모기로 알려져 있지요.

이집트숲모기
작은열대모기 또는 황열모기라고도 불려요. 가슴에는 악기의 한 종류인 리라 모양의 무늬가 있고, 몸이 작습니다. 주로 낮에 활동하며, 뎅기열과 지카바이러스를 퍼뜨릴 수 있습니다.

얼룩날개모기
몸이 크고 앉을 때 꽁지를 치켜드는 독특한 자세를 취합니다. 주로 저녁과 새벽에 활동하며, 말라리아를 퍼뜨릴 수 있어 말라리아모기 또는 말라리아의 한자 표기를 따라 학질모기라고도 불려요.

토고숲모기
우리나라에서는 주로 해안가에서 발견되어 바닷가모기라고도 불리지요. 주로 밤에 활동하며, 말라리아를 퍼뜨릴 수 있다고 해요.

흰줄숲모기
몸이 작고 흰 무늬가 있어요. 주로 숲에 살며, 낮에 활동합니다. 뎅기열, 지카바이러스 등을 옮길 수 있는 모기이지요.

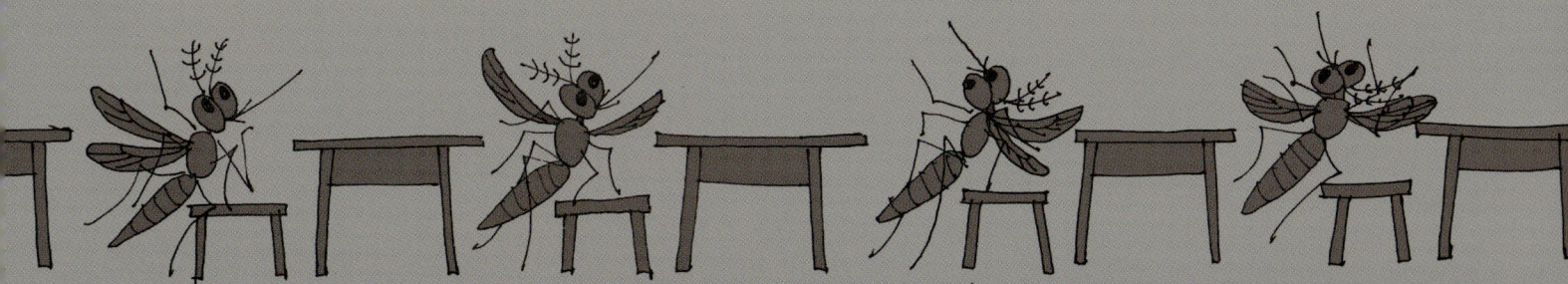

자, 지금부터 볼 동물들은 우리의 적이니까
잘 기억해 두길 바란다.
적의 무서운 입으로부터 살아남기 위해서는
이들이 우리를 어떻게 사냥하는지 알아 두어야 한다.
지피지기면 백전백승!
나를 아는 만큼 적을 알아야 이기는 법이다. 집중하도록!

긴급 상황! 천적이 나타났다

모기를 잡아먹는 동물은 여럿 있는데 대표적으로는
박쥐, 잠자리, 거미, 파리매 등이 있고,
제비와 같은 작은 새들도 모기를 먹는다고 합니다.
박쥐는 하룻밤에 많게는 모기 수천 마리를 잡아먹는다고 해요.

이런 적들이 있구나.

박쥐
짧고 빠른 초음파를 쏴 모기에게 부딪쳐
돌아오는 소리를 듣고 날개나 꼬리막으로
모기를 훑어 입에 넣어요.

제비
빠르고 낮게 또는 넓게 날며 뛰어난 시력으로
모기를 발견한 뒤 부리를 크게 벌려
한 입에 잡아먹어요.

거미
거미줄에 모기가 걸리면 진동을 느끼고 다가와
모기를 물어 몸속에 독을 넣고, 다 녹으면 빨아 먹지요.
또는 나중에 먹으려고 거미줄로 싸서 저장하기도 해요.

잠자리
날면서 모기를 쫓다 다리를 모아
바구니처럼 만들어 모기를 잡아 입에 넣어요.
모기처럼 360도를 볼 수 있는 겹눈이어서
모기를 더 잘 찾지요.

으악! 사방이 적이야!

파리매
파리처럼 생겼지만 털이 많아
벌처럼 보이기도 해요. 주둥이로
모기에게 독침을 놔 빨아 먹어요.

개구리
풀숲이나 물가에 있다가 모기를 발견하면
길고 끈적한 혀를 순식간에 뻗어 잡아먹어요.
모기의 애벌레인 장구벌레도 잡아먹지요.

사마귀
풀잎이나 나뭇가지 사이에 숨겨 있다가
모기가 다가오면 날카로운 가시의 앞발로
순식간에 잡아먹어요. 주로 앉아 있는
모기를 노려요.

으, 무서워….

암모기는 평생 딱 한 번만 짝짓기를 한다!

모기들은 공중에서 짝짓기를 해요. 주로 해 질 무렵 숲이나 풀밭, 연못가 등지에서 숫모기들이 떼를 지어 날다 더듬이를 통해 암모기만의 날갯짓 소리를 듣고 암모기를 발견하지요. 암모기는 숫모기의 씨앗인 정자를 몸속에 저장해 두었다가 다른 동물의 피를 빨아 단백질을 얻고 난 뒤 알을 낳을 때마다 사용해요. 보통 숫모기는 약 10일 정도 사는 동안 다섯 번에서 열 번 정도 짝짓기를 하는 반면 암모기는 약 50일 정도 사는 동안 딱 한 번의 짝짓기만으로 세 번에서 열 번에 걸쳐 총 300개에서 많게는 1000개 정도의 알을 낳지요.

암모기가 피를 빠는 이유

보통 암모기는 알을 낳기 전까지 자기 몸무게의 두세 배 정도 되는 피가 필요해요. 암모기는 숫모기와 짝짓기를 한 뒤 숫모기의 정자를 몸속에 저장하고 있다가 암모기의 씨앗을 만드는 난소가 충분히 크면 그때 알을 만들고 낳는데, 난소가 성숙하기 위해 필요한 것이 바로 동물의 피에 들어 있는 단백질이지요. 모든 종류의 암모기가 다 피를 빠는 건 아니지만 대부분의 암모기는 피를 빤답니다.

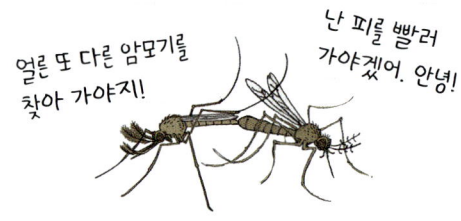

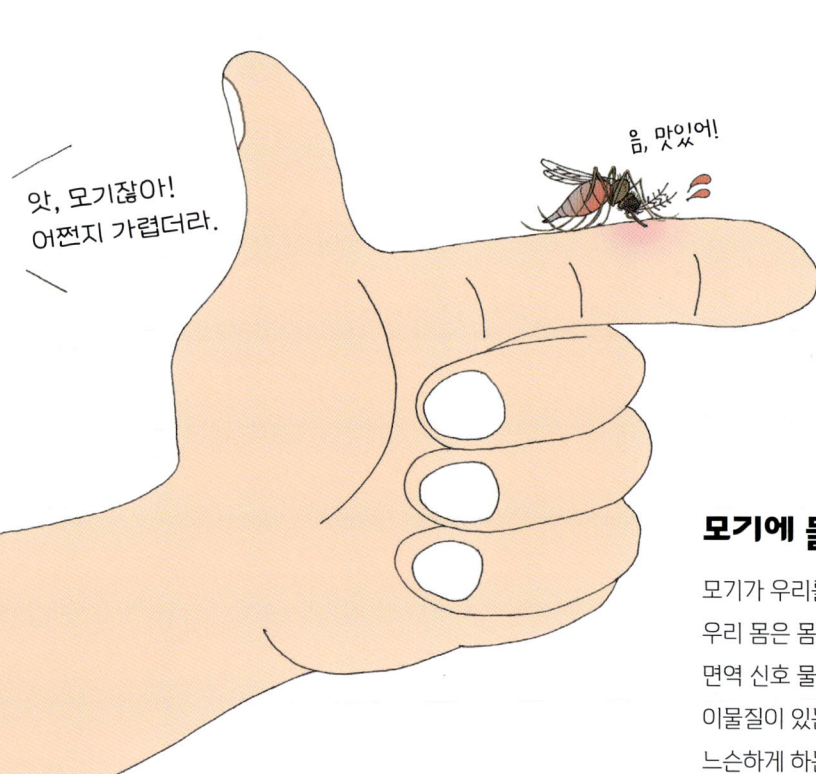

모기에 물리면 왜 가려울까?

모기가 우리를 물 때 분비하는 모기의 침이 원인이에요. 우리 몸은 몸속에 들어온 이물질인 모기의 침을 빠르게 없애기 위해 면역 신호 물질, 즉 히스타민을 분비해요. 핏속 면역 세포인 백혈구를 이물질이 있는 곳에 많이 빠르게 보내려고 혈관을 넓히고 혈관 벽을 느슨하게 하는데 그러면서 피부가 붓지요. 그리고 위기 상황이라는 것을 알리기 위해 가려움을 느끼게 하고요. 이러한 반응을 면역 반응이라고 하며, 알레르기 증상도 이와 비슷해요. 가려움증이 심하면 얼음 찜질을 하거나 알레르기 약 같은 항히스타민제를 쓰기도 하는데, 너무 심하면 스테로이드 약품을 쓸 때도 있어요.

암모기는 어떻게 피를 빨까?

침니 또는 흡혈 침관이라고도 부르는 암모기의 주둥이는 하나인 것 같지만 사실 한 개의 아랫입술과 여섯 개의 바늘로 이루어져 있어요. 한 쌍의 작은턱과 한 쌍의 큰턱, 한 개의 흡혈관과 한 개의 타액관이 그것이지요. 그렇다면 모기는 어떻게 사람의 피를 빠는 걸까요? 우선 주둥이가 사람의 피부에 닿으면 여섯 개의 바늘을 감싸고 있던 아랫입술이 젖혀져요. 여섯 개의 바늘 중 작은턱이 피부를 잘라 약하게 하면 이때 큰턱이 약해진 피부를 뚫어 혈관까지의 길을 확보합니다. 모기에게 47개의 이빨이 있다는 표현도 하는데, 과장된 표현이지만 사람의 피부를 자르는 작은턱에는 그만큼 많은 톱니가 있지요. 그러고 나면 흡혈관이 혈관을 찾아 뚫고 들어가 빨대처럼 피를 빠는데, 이때 타액관을 통해 모기의 침이 사람의 혈관으로 들어와요. 이 분비물은 사람의 피를 굳지 않게 하고 혈관을 더 넓히면서도 모기가 문 부위를 잠시 마취해 사람 몰래 편안히 피를 빨 수 있게 하지요.

암모기의 주둥이 구조

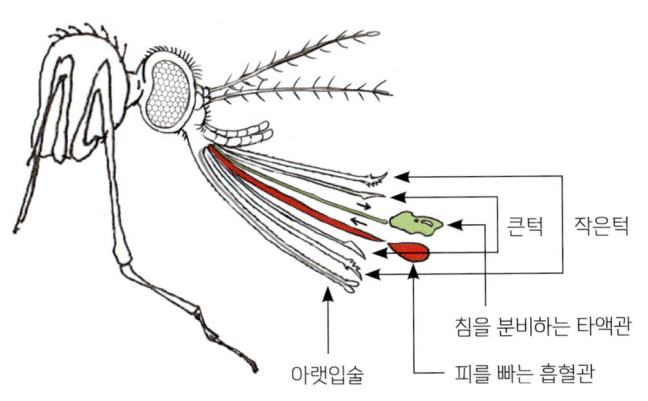

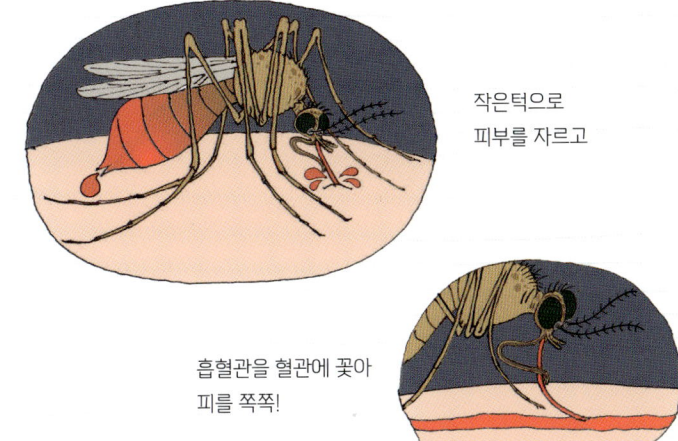

숫모기는 무엇을 먹을까?

암모기가 피만 빠는 것은 아니에요. 피에서는 알을 낳는 데 필요한 단백질을 얻을 뿐 에너지를 얻기 위해서는 당분을 먹어야 하거든요. 숫모기는 주로 꽃꿀이나 식물의 이파리나 줄기에서 나오는 수액, 과일의 즙 등을 통해 당분만 섭취해요. 그래서 숫모기의 주둥이는 겉으로는 암모기의 것과 비슷해 보이지만 침니 같은 흡혈 기관이 없지요.

자, 지금부터 말하는 것은 아주 중요하다. 꼭 기억하도록! 그래야 우리가 잘 살아남을 수 있다!
암모기가 피를 빠는 동물 중 특히 인간은 우리를 막고, 쫓아내고, 죽이려고 안간힘을 쓰지.
어떤 방법을 쓰는지 잘 알아 두었다가 재빠르게 피하도록!

모기를 잡으려면!

모기가 싫어하는 허브 향 식물이나 끈끈이주걱 같은 벌레잡이 식물을 두기도 해요. 또는 레몬이나 오렌지 껍질을 말린 뒤 불을 붙여 살충 성분을 내거나, 물과 에탄올, 계피를 섞어 뿌리면 모기를 쫓을 수 있어요. 화학 물질이 나오지 않아 아기나 임산부, 환자가 있을 때 사용하면 좋지만 그렇게 큰 효과를 보기는 어려워요.

야외에서는 모기향을 피우거나 모기 기피제를 뿌려 모기의 접근을 막아야 해요. 긴 옷을 입고, 휴대용 전기 모기채를 쓰거나 빛으로 모기를 유인하는 모기 유인등을 사용할 수도 있지요.

모기 스프레이를 뿌리기도 해요. 스프레이로 뿌린 살충제가 공기 중에 넓고 빠르게 퍼져 모기에게 닿으면 모기는 흥분 상태가 계속되다 마비되어 죽게 돼요. 화학 물질이니까 모기를 잡고 나서는 환기를 하는 것이 좋아요.

빈틈이 없군… 앵

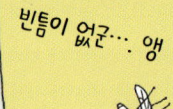

방충망이나 모기장을 이용해 모기가 집 안으로 들어오지 못하게 하기도 하지요. 하지만 아주 작은 틈만 있어도 모기는 통과할 수 있기 때문에 완전히 막기는 어려워요.

피를 너무 빨았나 봐.
몸이 무거워서 그만….

모기 트랩을 설치할 수도 있어요. 이산화탄소나 자외선, 빛, 당분, 열 등을 이용해 모기를 유인한 뒤 빨아들이거나 전기 또는 끈끈이 등으로 잡아요. 밤새 켜 두면 알아서 잡아 줘 편하지만, 즉시 효과를 보지 못할 수도 있어요.

일반 모기채도 있지만 빠르고 확실한 건 전기 모기채이지요. 전기 모기채가 멀리 있으면 가지러 가는 사이 모기를 놓칠 수 있으니 늘 근처에 두었다가 모기가 앉아 있을 때를 노려요.

도구 없이 손으로 잡을 수도 있어요. 단 빨라야 하고, 벽이나 천장에 앉아 있을 때 조용히 접근해서 빠르게 쳐야 해요.

우리를 좋아해서 치는 박수가 아니야.
죽음의 박수라고!

누가 모기에 잘 물릴까?

모기는 이산화탄소나 땀에 들어 있는 젖산, 암모니아, 지방산 등의 냄새를 좋아해요. 따뜻한 것도요. 우리가 숨을 쉬고 움직이는 동안에는 체온도 올라가고 땀도 나고 이산화탄소도 나올 수밖에 없어요. 그래서 운동을 하고 있는 사람이나 신체 활동이 활발하고 피부가 얇은 어린이, 배 속 아기를 키우기 위해 더 많은 피가 흐르고 체온이 높은 임산부가 모기에 좀 더 잘 물리지요. 그렇다면 일반적인 어른은 괜찮은 걸까요? 안심할 수는 없습니다. 어른이 어린이보다 체격이 커 더 많은 이산화탄소를 내보내고, 술을 마시는 등 체온이 올라갈 상황이 적지 않아요. 또 피부에 더 많은 종류의 세균이 있어 모기들이 좋아하는 냄새를 많이 풍길 수도 있어요. 한편 혈액형이 O형인 사람이 모기에 더 잘 물린다는 말도 있지요. 모기에 물릴 때 우리 몸은 모기의 분비물인 침을 이물질로 인식해 면역 반응을 일으키는데 이러한 역할을 하는 항원이 O형에게는 없어 모기가 피를 빨기 좋다는 것이지요. 하지만 반드시 그러한 것도 아니고, 아직 정확히 밝혀진 바는 없어요.

어떻게 해야 모기에 물리지 않을까?

방충망이나 모기장 등을 설치하고 창문 틈이나 배수구까지 꼼꼼히 막아 모기의 접근을 막아요. 전기 모기채나 모기 트랩을 사용해도 좋아요. 무엇보다 땀을 흘린 뒤에는 깨끗하게 잘 씻어야 해요. 그렇다고 너무 향이 진한 샴푸나 비누, 향수를 사용하면 오히려 모기가 더 다가올 수 있으니 주의해요. 또 모기는 진한 색을 더 잘 보기 때문에 연한 색의 옷을 입는 것이 좋대요. 밤에는 가만히 누워 이산화탄소를 덜 나오게 하는 것이 좋고, 음식물 쓰레기 등 냄새 나는 쓰레기는 바로 치우고 주변 환경을 시원하고 쾌적하게 유지해야 해요. 모기 기피제를 사용하거나 모기가 싫어하는 허브 향 식물을 두는 것도 괜찮아요. 더 효과적인 방법은 처음부터 모기가 생기지 않게 하는 것인데, 바로 모기가 알을 낳을 수 있는 환경을 만들지 않는 거예요. 배수구나 화분 받침 등에 물이 고이지 않도록 관리하는 것이 중요해요.

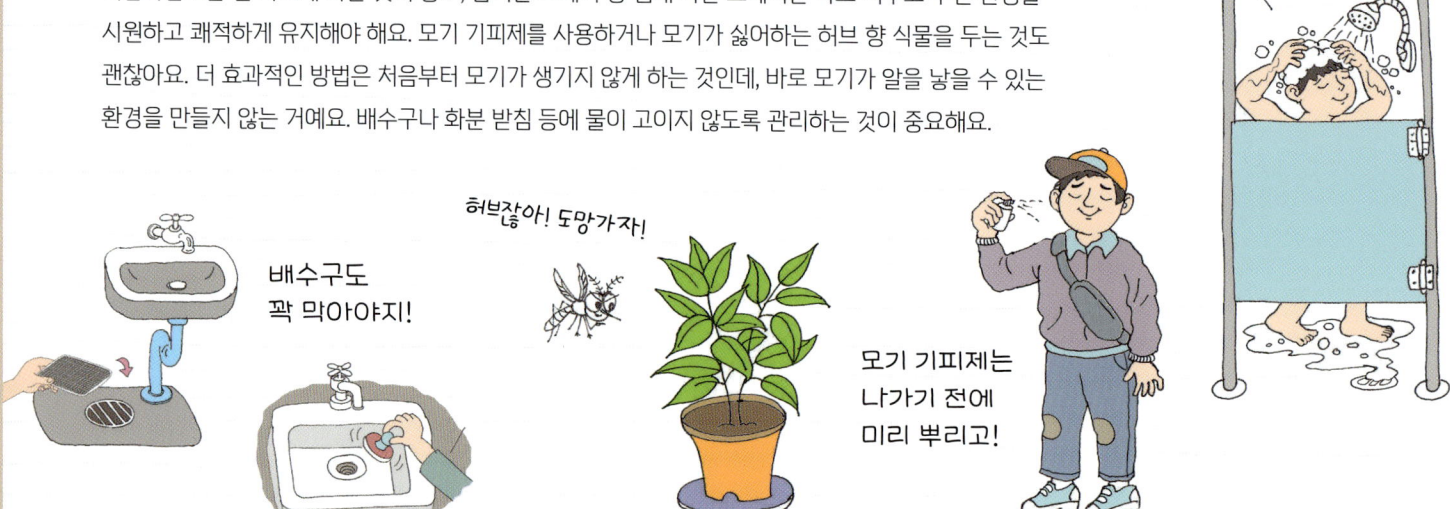

무서운 병을 퍼뜨리는 모기

모기에게 물리면 가렵고 부어서 아프지요. 제대로 못 자 스트레스를 받기도 하고요. 하지만 이보다 더 큰 문제는 전염병에 걸릴 수도 있다는 것이에요. 보통 집모기는 일본뇌염을, 숲모기는 지카바이러스, 뎅기열을, 얼룩날개모기는 말라리아 등을 퍼뜨린다고 해요. 이런 병에 걸리면 조금씩 다르지만 보통 며칠의 잠복기를 거친 뒤 열이 나거나 머리와 배가 아픈 증상이 나타나요. 심하면 사망에 이르는 경우도 있지요. 일본뇌염은 다행히 백신이 있어 예방 접종이 가능해요. 하지만 다른 병은 아직 백신이 없거나 제한적으로 쓸 수 있어서 조금 더 조심해야 해요. 우간다 근처 지카 숲의 실험용 원숭이에게서 처음 발견된 지카바이러스는 야생 원숭이에게 번진 뒤 모기를 통해 사람에게까지 전파되었어요. 지카바이러스에 감염되면 대부분은 가볍게 지나가지만 임산부의 경우 배 속의 아기 머리가 비정상적으로 작게 자라는 소두증을 일으킬 수도 있어요. 뎅기열은 주로 동남아시아에서 유행하는 병으로 감염되면 몸 전체에서 심한 통증이 일어나요. 말라리아는 주로 아프리카와 같은 열대 지방에서 유행하지만 우리나라도 안전하지는 않아요. 만약 전염병을 퍼뜨리는 모기가 많은 곳으로 여행을 떠난다면 철저히 준비하고, 혹시라도 물린 뒤 증상이 나타나면 얼른 병원에 가야 해요.

여름이 지나도 지긋지긋한 모기!

요즘은 가을이 지나도록 모기가 나타나고는 해요. 왜 그런 걸까요? 지구 온난화로 인해 가을이 되어도 기온이 높아 모기가 활동하기 좋아졌거든요. 게다가 도시는 콘크리트 건물과 아스팔트 바닥, 에어컨 실외기 등으로 인해 기온이 2~3도 가량 더 높고요. 또 아파트 단지나 지하 주차장, 배수구, 지하실, 쓰레기장 등 온도가 일정하고 습한 곳이 많아 모기가 알을 낳고 살기에 좋은 환경이 되었지요. 더군다나 가을에 불어오는 태풍이 비를 뿌리며 지나가고 나면, 물이 고여 모기에게는 더욱 살기 좋은 환경이 만들어지지요.

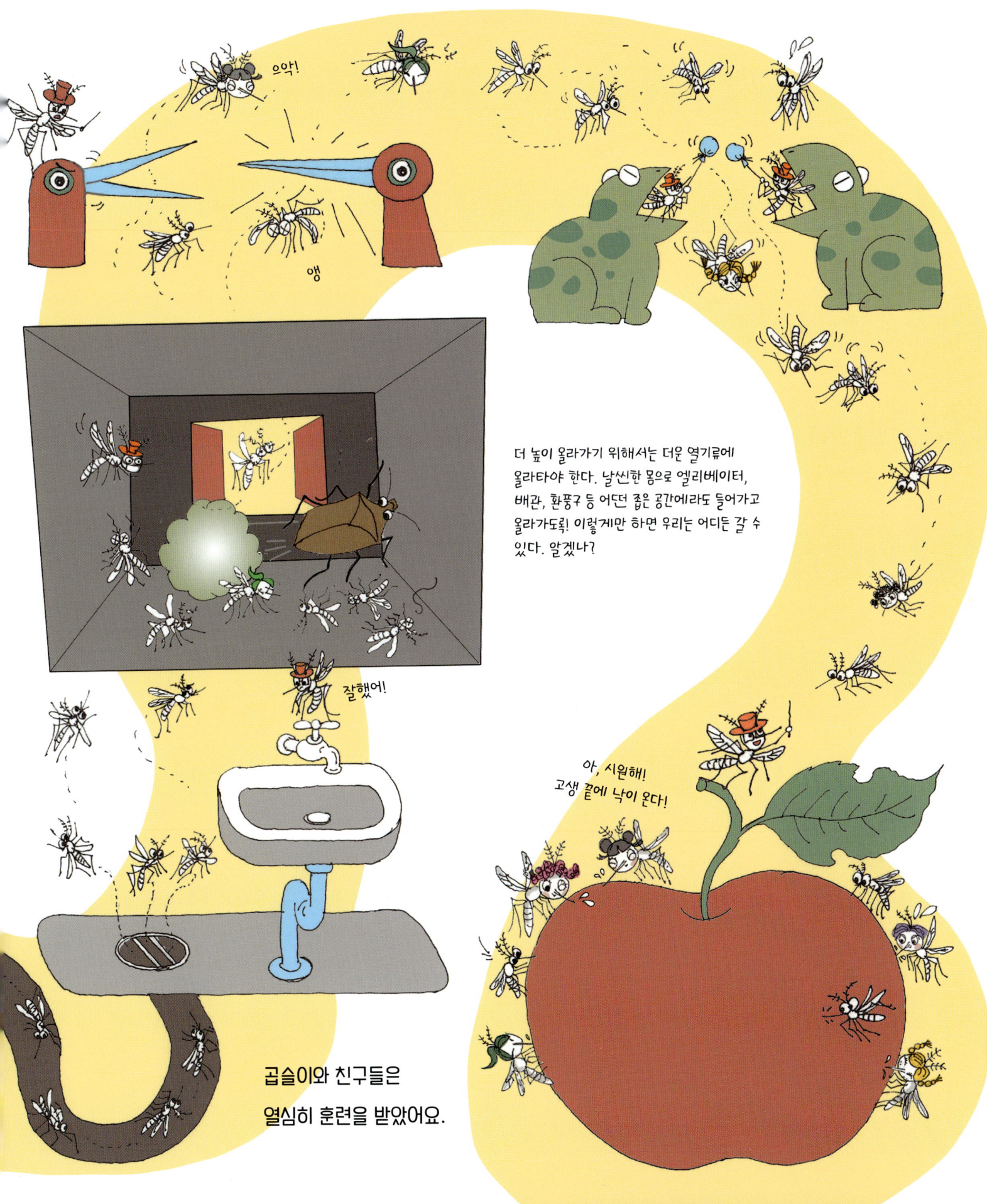

그리고 어느 날 파티가 열렸어요.
이제 모기학교의 졸업이 얼마 남지 않았거든요.
그때 누군가 외쳤어요.
"얘들아, 엄청 좋은 향기가 나!"
곱슬이와 친구들이 향기를 따라 어디론가 향했어요.
도착한 곳에서는 숫모기들이 모여 멋지게 춤을 추고 있었지요.
곱슬이는 그중 가장 향기로운 까망이에게 다가갔어요.

곱슬이와 까망이는 처음이자 마지막이 될지도 모르는 행복한 시간을 보냈어요.

아쉬움을 뒤로하고 둘은 새로운 시작을 위해 헤어졌어요. 그리고…

이제 암모기들은 새로운 먹이를 찾아 떠나야 했어요.
곱슬이와 친구들은 숲 너머 인간들이 사는 도시를 향해
한 방울의 피를 찾아서 힘차게 날았어요.

그렇지만 피를 구하는 것은 쉬운 일이 아니었어요.

사나운 개구리부터 무시무시한 박쥐, 날렵한 제비와 잠자리까지
세상에는 곱슬이와 친구들을 위협하는 것뿐이었어요.

마지막이야! 조금만 더 힘내.

끈적끈적한 거미줄과 매캐한 살충제를 겨우 피해
드디어 도시에 이르렀어요.
많은 친구들을 잃었지만 슬퍼할 겨를이 없었어요.
곱슬이는 어서 알을 낳아야 했거든요.

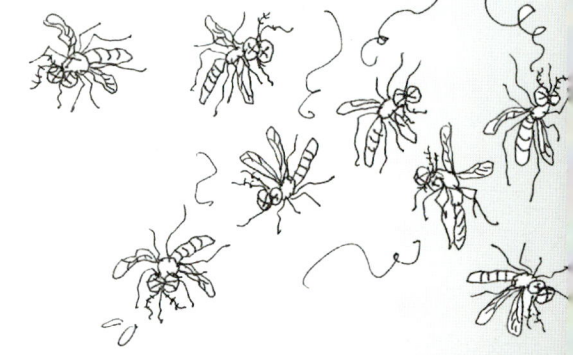

아무 곳에나 알을 낳을 수는 없었어요.
비가 내려 금방 쓸려 내려갈 게 뻔하니까요.
이리저리 알을 낳을 곳을 찾아 헤매던 곱슬이는
지칠 대로 지치고 말았어요.
정신이 아득해지던 그때였어요.
어디선가 맡아 본 것만 같은
좋은 향기가 곱슬이를 이끌었어요.

다다른 곳은 알을 낳기에 딱 좋은 곳이었어요.
마치 고향 같았어요.
갓 모기가 된 모습을 비춰 보던 연못가 말이에요.
비록 아주 작은 연못이었지만
곱슬이는 마음 편히 알을 낳았어요.

그늘도 있고 천적들도 보이지 않는 안전한 곳에서
무사히 알을 낳은 곱슬이는
이제 또 다른 곳을 향해 날아올랐어요.
다시 알을 낳기 위해서 말이에요.
멀리서 아침 해가 떠오르고 있었어요.